AF467934

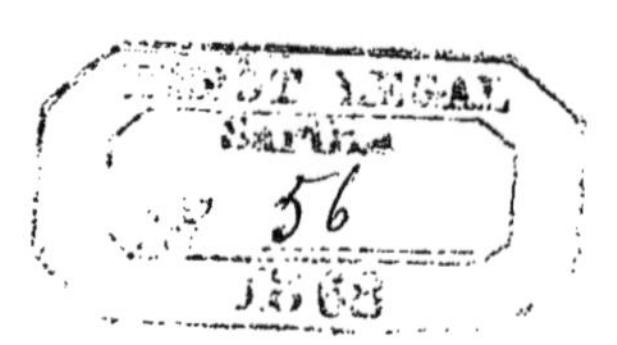

NOTICE SUR L'ALGÉRIE

NOTICE

SUR

L'ALGÉRIE

> Nous voulons être éclairés nous mêmes autant que nous voulons élairer le pays sur toutes les questions de l'Algérie sans exception.
>
> (M. FARÉ, commissaire du Gouvernement. *Moniteur* du 24 mars 1868.)

> Chacun doit à son pays la force de son bras et jusque aux moindres ressources de son intelligence.

En 1840, j'avais commencé à publier, dans le *Courrier du Pas-de-Calais*, quelques réflexions sur l'Algérie; mais mon départ d'Arras, au mois d'avril, m'ôta la possibilité de continuer mes publications.

Comment, au milieu d'occupations administratives aussi sérieuses que celles dont j'étais chargé, ma pensée a-t-elle pu trouver un pareil aliment?

C'est que la fibre nationale raisonne parfois fortement au cœur des jeunes hommes. L'Algérie était pour moi comme un vaste panorama de grandes choses à exécuter. D'éclatantes victoires ont eu leurs poètes; de grandes batailles ont eu leurs peintres. Un nouveau continent s'ouvrait, je voulais l'animer de ma pensée. Je fis part de mes conceptions à un général qui venait de conquérir son grade en Afrique: quoiqu'elles fussent en opposition avec son propre système, il les encouragea. Aujourd'hui je trouve intéressant de revenir sur ce passé déjà si loin de nous.

Après avoir justifié la prise d'Alger et l'occupation définitive, je posais ainsi les bases de mon organisation.

Combattant l'idée qu'on avait eue de ne former qu'une colonie militaire restreinte, je disais : généralement les postes militaires ne conviennent que pour protéger dans des contrées lointaines le commerce d'une métropole ; ils sont inefficaces dans l'œuvre de la civilisation. C'est du contact et du mélange des hommes des deux continents que doit naître une autre civilisation arabe.

J'ajoutais : si nous n'étions mus que par des idées de spéculations ou des espérances de profits, nous manquerions le but que doit se proposer sans cesse un grand peuple, la gloire ! Celle qui naît de grands bienfaits répandus sur le monde !

J'éveillais ensuite des idées nouvelles sur l'emploi des troupes. Longtemps, on a pensé que les troupes ne sont faites que pour manier le sabre et le fusil; c'est une erreur : en temps de paix comme en temps de guerre, ces opérations n'exigent qu'une partie de la somme d'énergie et d'activité dont elles sont douées. Nos troupes particulièrement possèdent ce qu'il faut pour exécuter des choses extraordinaires. Elles sont composées d'hommes jeunes, forts, la plupart habitués au travail, presque tous intelligents, chez qui l'obéissance est commandée par la raison. Elles sont conduites par des chefs habiles, très-attachés à leurs devoirs; elles réunissent l'intelligence et la force, ces deux reines du monde! donnons à de tels hommes la juste récompense de leurs travaux, et nous ferons, quand nous le voudrons, de l'Algérie une brillante province.

Je voulais qu'un mode de colonisation conçu en des vues larges et généreuses nous mît en rapport intime avec les Arabes. Les chasser ou les pousser dans le désert me semblait une mesure aussi inhumaine qu'impolitique.

Je demandais qu'on fixât d'abord la condition d'état de l'Algérie. Selon moi, la qualification de possessions françaises n'était déjà plus conciliable avec les institutions adoptées : l'idée et le fait devaient être en harmonie.

Il n'en est pas de l'Algérie, faisais-je remarquer, comme de lointaines colonies. Une mer étroite la sépare de la France. L'emploi merveilleux de la vapeur les unit pour ainsi dire. Quelle raison d'administrer l'Algérie comme une colonie? Le mot colonie dans le sens qui y est communément attaché, fait supposer un établissement éloigné, précaire, soumis à l'arbitraire d'ordonnances locales, une législation exceptionnelle, incertaine, une terre à part, la perte des avantages que contient le sein de la mère patrie, en un mot l'expatriation.

Que l'Algérie, au contraire, fasse partie du territoire français, alors toutes les irrésolutions, toutes les antipathies sont dissipées. La famille demeure unie : son cercle s'élargit; mais ses intérêts restent communs. La partie fonctionne avec le tout, s'y agrége, devient inséparable. La nation française gagne la confiance des races africaines ; elle les associe à la liberté, au commerce, à la société ; elle ouvre l'Afrique à ses produits et à l'Europe entière. Elle s'étend sur les deux bords de la Méditerranée. Cette mer traverse son territoire dont elle relève l'importance et l'éclat. Les rivages s'ornent de villes dans lesquelles mille vaisseaux répandent l'abondance et la vie. On passe le détroit aussi facilement qu'on va de Paris à Marseille, et l'on arrive presque acclimaté sous le ciel plus chaud d'Afrique. Cette nouvelle terre porte partout le signe de son baptême de nouvelle France. On y est dans son pays, au milieu des siens, de ses compatriotes. Les Africains sont des frères agrégés à la grande famille. On les visite, on les attire sur l'autre bord ; les relations s'établissent et les liens se forment.

Au lieu de tout entreprendre à la fois, je voulais qu'on marchât lentement, avec prudence. Dans mon opinion, le littoral entièrement occupé, devait faciliter la première ligne de divisions départementales et cette première ligne bien établie devait être une base solide pour un plus grand développement. Voici les raisons que j'en donnais : la division de l'Algérie en départements est commandée par l'utilité de n'avoir en France qu'un centre d'action. La centralisation est en quelque sorte le bras du pouvoir exécutif que celui-ci doit mouvoir spontanément, à son gré, sans gêne ; c'est comme le miroir de tout ce qui s'agite ; on lui doit la conservation des individus et des intérêts les plus ignorés; elle devient puissance pour atteindre et frapper d'un bout du royaume à l'autre avec la rapidité de la foudre ; elle fait jaillir la lumière et la répand sur toutes les branches de l'administration. Donner à l'Algérie une administration spéciale, c'est diviser la volonté, l'action principale ; c'est opposer une volonté particulière à la volonté du chef de l'Etat, des vues particulières à des vues générales ; c'est détruire l'unité et paralyser l'exécution.

Je comparais l'Algérie aux pays où nous avons ci-devant porté nos armes et où ont germé si profondément les grands principes de notre société. J'avançais que nos institutions emportent avec elles tant de garanties d'ordre et de paix qu'il y aurait presque sacrilége à les écarter de l'Algérie.

Une nation, ajoutais-je, ne peut faire sortir de grandes choses que du génie qui lui est propre, et portât-elle ses conquêtes aux extrémités du monde, il faudrait qu'elle y fût représentée par l'image parfaite de ses institutions. Tout ce qui dépend d'un Etat doit être régi par une loi générale, commune.

Rappelant la politique habile de Guillaume après la conquête de l'Angleterre, j'indiquais un recensement des terres en Algérie comme le meilleur moyen de reconnaître les propriétés dont on pourrait disposer pour la colonisation, de fixer les droits des détenteurs, de faciliter la perception des impôts. J'établissais que sans la division départementale, ce travail ne s'effectuerait jamais d'une manière satisfaisante, qu'il n'y aurait jamais de revenus assurés, point de base de laquelle on pût suivre la propriété foncière dans les variations de la fortune publique. Et abordant la question de l'impôt, je disais : quel moyen plus sûr que d'étendre sur le littoral de l'Algérie d'abord, et à l'intérieur ensuite le système d'administration qui, en France, a porté les finances à un si haut degré. Cette mesure est possible jusque même l'application des tarifs d'impôts. Il suffirait de réduire la quotité des droits proportionnellement à l'état de la fortune publique; car il serait imprudent, autant qu'injuste, de frapper un établissement naissant des mêmes charges que celles qui pèsent sur une contrée où le commerce, l'industrie, l'agriculture sont en pleine activité.

Je réfutais les objections que soulevait la proposition de diviser l'Algérie en départements, savoir : l'éloignement de la capitale, la différence des religions et des mœurs, la diversité des races, la difficulté d'assujettir à nos réglements des tribus nomades, enfin, l'absence même de population assise et susceptible d'être régie par nos lois.

Je démontrais que rien ne s'opposait à ce que l'administration fonctionnât aussi bien sur la rive opposée que sur celle où Marseille prospère. Je rappelais la variété des cultes qui subsistent chez nous. Je ne voyais pas, du reste, qu'il fût impossible d'introduire dans notre législation des dispositions spécialement applicables aux musulmans, puisque notre Code a consacré une législation particulière à nos contrées méridionales.

En ce qui concerne la diversité des races, elle me semblait exister aussi sur notre sol et n'être pas un obstacle à l'unité gouvernementale.

Quant à l'insuffisance de la population, je la comparais à celle de quelques-uns de nos départements, et je ne voyais pas un motif de priver les Français en Algérie de la moindre partie de leurs droits civils et politiques. D'ailleurs, ajoutais-je, afin d'avoir en Algérie une population française, forte, active, telle qu'elle est nécessaire pour fonder une puissance durable, il est indispensable de la favoriser.

Diviser l'Algérie en départements, c'est coloniser ; c'est appeler dans chaque circonscription une foule de familles honnêtes, comme il importe d'en faire connaître aux Arabes ; c'est déterminer comme par attraction mille autres familles à suivre celles-ci ; c'est opérer sans secousse le transport d'une grande quantité de numéraire et lui donner une active circulation ; c'est par conséquent exciter à passer en Afrique tous les arts et métiers, toutes les professions.

On avait traité de chimérique l'idée de civiliser les Arabes. Je soutenais que les moyens d'y parvenir pourraient seuls être mal conçus. Civiliser les Arabes, ce n'est pas les mener forcément à l'école et en faire des gens lettrés, c'est leur donner des institutions qui les mettent à même de se développer moralement et physiquement. Or, rien ne paraît plus propre à atteindre ce résultat que le mode d'enveloppement et de fusion par un peuple civilisé. Cela ne devait pas exclure la puissance persuasive de la parole que je considérais, au contraire, comme pouvant contribuer à l'achèvement de la conquête. Rien, à mon avis, n'était plus pressant que de propager la connaissance des idiomes. Des récompenses seraient accordées aux indigènes qui auraient appris la langue française et aux Français qui connaîtraient l'idiome arabe. J'étais encore d'avis qu'aucun Algérien ne pût recevoir l'investiture de hautes fonctions civiles ou militaires que des mains du chef du gouvernement ; l'idée que pouvaient se faire ces hommes de notre puissance devant les grandir à leurs propres yeux et être une garantie de fidélité.

A l'égard de notre population, elle surabonde, disais-je, et s'agite dans des limites trop étroites. Il y a dans les arts, dans l'industrie, le commerce, dans toutes les professions une telle rivalité que la réussite est pour le petit nombre. Le reste est livré à un travail excessif, qui ne porte pas toujours une récompense suffisante. Cette population peut diminuer sans inconvénient, et même deux effets salutaires résulteraient du décroissement. Le vide occasionné par l'émigration serait promptement comblé par suite du soulagement qu'en ressentiraient quelques classes, et la population française en Algérie s'accroîtrait à raison des avantages qu'elle y trouverait. Il n'y avait au surplus dans cette hypothèse que déplacement de forces et non perte. Si le gouvernement ouvrait à de jeunes hommes, honorables par leur conduite et par leurs talents, les diverses carrières du barreau, de la magistrature, du notariat, des offices, des administrations, il s'attacherait, par ce bienfait, des hommes qui formeraient un des plus solides pivots de l'organisation. Quel avenir pour la partie studieuse des jeunes Français, et quelle assurance de paix et de bonheur pour des contrées ainsi peuplées ! Le commerce ne serait pas seul à profiter de l'adjonction de l'Algérie à la France. Toutes les classes de notre société y seraient intéressées et l'on conçoit l'entraînement qui suivrait une mesure touchant de si près toutes les familles françaises.

Je ne penchais pas, comme on le voit, pour le régime purement militaire, alors si fortement préconisé; mais, rendant justice à la valeur de nos soldats, je trouvais que le sacrifice qu'ils font de leur sang avait bien droit à l'admiration publique. On ne saurait trop récompenser nos braves militaires, ajoutais-je ; mais qu'ils ne perdent pas de vue qu'ils ne peuvent tout organiser, tout administrer. L'administration de la guerre, comme service public de l'État, ne peut que concourir avec les autres grands services à l'accomplissement d'une si vaste entreprise.

L'organisation territoriale devait, à mon sens, être secondée par la fondation de villes, de bourgs et de lieux fortifiés, parce qu'en supposant qu'un chef arabe fût assez fort pour nous en enlever un seul, il n'aurait jamais le pouvoir de le conserver.

Tout devait tendre à réunir les populations éparses, à fixer les tribus nomades, à déterminer des limites à chacune. Protection de toutes les parties du territoire, fixité de la population, voici l'immense avantage qui devait résulter des circonscriptions départementales défendues par des forces militaires.

J'établissais que les agglomérations de population ne sont pas contraires à une bonne culture; qu'en France, les départements les moins avancés sous ce rapport sont précisément ceux dans lesquels les bourgs et les villages sont composés d'habitations répandues sur tout le sol; que cette dispersion semble favorable à l'agriculture, en ce que chaque famille, étant en quelque sorte au milieu de ses terres, a plus de facilité pour les cultiver; mais qu'il est à remarquer cependant que, ailleurs, où les bourgs sont circonscrits et très-peuplés, et où il n'y a qu'un petit nombre de maisons rurales, la culture est plus vigoureuse, les produits sont plus abondants; que cette différence provient de ce que l'ignorance, qui est inséparable de l'isolement, n'engendre et ne reçoit aucune amélioration.

J'examinais ensuite les questions de naturalisation, de libre parcours, de concessions. C'est un principe de droit, disais-je, que la naturalisation s'opère par la conquête; la raison en est simple : c'est que la conquête laisse la porte ouverte à celui qui ne veut point s'y soumettre; celui qui, au contraire, l'accepte, se place au rang du vainqueur.

Pour les terrains soumis au libre parcours, et qui n'appartiennent à personne, je proposais de les considérer comme une dépendance des biens de l'État en tant que représentant l'intérêt général, et, si des tribus ou fractions de tribus étaient en possession légitime de droits d'usage, de les régler dans de justes proportions.

Le mode à suivre pour les concessions me paraissait aussi simple que facile. On devait faire étudier par masse les projets de concession, pour être ensuite réalisés, sur l'avis des différents chefs de service, par l'administration des domaines. Cette administration, par ses connaissances spéciales et la vigueur de son institution, me semblait appelée à jouer un rôle extrêmement utile dans l'œuvre de la colonisation.

Me souvenant de ce qu'il en avait coûté aux Romains pour conserver leurs possessions d'Afrique, je faisais entrevoir les mêmes difficultés si nous ne savions qu'imposer notre domination aux peuplades de l'Algérie.

Mais dire aux Africains : les biens dont nous jouissons sont à vous; liberté de conscience, de culte, de mœurs, égalité de droits, communauté des avantages et des charges; nous ne voulons que votre alliance en retour de la liberté que nous vous procurons, c'est combler l'affreuse démarcation du vainqueur et du vaincu, c'est donner plus qu'on ne reçoit, c'est de la générosité. Nous rendons la résistance impossible en faisant que personne ne nous soit préférable.

A cette observation que ces peuples ne sont pas mûrs pour notre organisation sociale, je répondais : Il n'est besoin souvent que d'une main secourable pour pousser l'homme dans la voie de toutes les améliorations; si nous donnons aux Algériens un droit égal au nôtre, droit qui nous place à la tête du monde civilisé, nous les élevons, nous ne les opprimons pas. Quel est l'homme, quel est le peuple qui ne se soit senti propre à une meilleure condition et qui n'ait été en état de la remplir? Supposons que les Algériens puissent s'exprimer dans notre langue, quelle différence existerait entre eux et nous? Comment ne pourraient-ils point aimer à sentir leur personne, leur famille, leurs propriétés en sûreté, à exercer librement leur culte, à vivre enfin dans les sages limites de lois protectrices. A quel degré de l'échelle sociale faut-il donc être parvenu pour jouir de ces biens, et jusque quand les hommes feront-ils si peu de cas de leurs semblables, de les croire incapables de jouir des biens dont ils jouissent eux-mêmes!

Je terminais de la sorte : Faisons de l'intérêt des indigènes notre principal intérêt. Au lieu de tout rapporter à nous comme le feraient des vainqueurs ordinaires, occupons-nous avec sollicitude de la condition des tribus ; tendons-leur une main fraternelle ; soyons bons dans notre force : la générosité nous sied bien et nous sommes le premier peuple du monde quand nous plaidons la cause de l'humanité : c'est une croisade de civilisation que nous avons entreprise, apportons-y de la foi et du zèle.

Ces simples notions n'étaient sans doute que l'expression de vérités qui étaient dans la force des choses, puisqu'elles se sont réalisées en partie. J'en conclus que ce qui reste à faire s'accomplira de même. De distance en distance s'est révélée cette grande pensée de l'assimilation. Dans un rapport du 29 mars 1858, le ministre de l'Algérie et des colonies la résumait de la sorte : « Après sa religion, ce que veut le plus conserver avec lui « l'homme qui va fonder un établissement dans de nouvelles « contrées, c'est la loi de son pays. Cette loi qu'il connaît, qu'il « aime, qui sert de règle à sa conduite, ainsi que le magistrat « qui l'applique, c'est presque la patrie. »

La patrie ! nous y tenons comme à ce que nous avons de plus cher : notre droit nous importe comme notre dignité personnelle !

Avec de pareilles aptitudes, nous ne pouvons être un élément colonisateur dans une contrée qui ne représenterait ni la patrie, ni le droit. Sans nous, sans notre élément français, la colonisation est illusoire.

Il serait injuste de méconnaître les grandes et sages mesures adoptées par le gouvernement français à l'égard de l'Algérie, les généreux sentiments qui ont dicté la reconnaissance des droits de propriété des indigènes, les tendances constantes à une unité d'administration dont la nécessité se révèle sur les pas du temps. De grands résultats ont été obtenus.

Mais il y a trente-six ans que notre drapeau flotte sur le sol africain, et ces années si courtes dans la vie des peuples sont un siècle pour une nation vive, intelligente, pleine d'ardeur pour ce qu'elle entreprend.

A l'occasion de calamités inouies, toutes ces questions d'Algérie reviennent palpitantes d'intérêt, et une voix autorisée vient réclamer le concours général pour remédier au mal.

Bien présomptueux celui qui tenterait de faire prévaloir un système. Le temps des systèmes est passé. Nous nous trouvons en face d'une situation qui a pour elle tous les avantages acquis : c'est cette situation dont nous devons nous efforcer de tirer le meilleur parti possible.

L'Algérie nous a coûté trop de douloureux efforts pour que nous songions à l'abandonner jamais. Elle est devenue sol français par le sang que nous y avons répandu, par les travaux qui la sillonnent, par les ports, par les villes que nous y possédons ; c'est une annexe de la France. Comment allons-nous la traiter ? Comme par le passé ? Ce n'est plus possible ; nous en sommes avertis par mille symptômes qui ne permettent plus de doute sur la nécessité d'un profond changement dans ses conditions d'existence.

Les intérêts des sociétés sont devenus si variés, si considérables, ils se lient si intimement aux institutions communes, générales, qu'on ne conçoit pas qu'ils puissent être soumis, en aucun cas, à une règle exceptionnelle.

Rien ne réclame tant de liberté et de latitude que le commerce; l'industrie a des allures qui lui sont particulières; l'agriculture veut le calme; tous vivent d'inspirations, tous ont besoin de s'immiscer, sans la moindre contrainte, dans les mille petits canaux de la vie sociale. Celle-ci ne se compose, en effet, que d'un ensemble de choses diverses. Il faut de tout dans un État, et ce sont toutes ses ressources vitales, mises en jeu pour la destination du bien public, qui en font la force et la puissance. Supprimez une partie des principes vitaux, et vous ne tardez pas à sentir l'affaiblissement, le malaise.

Ce mal est celui qu'éprouve l'Algérie par la privation d'une partie de ses droits politiques. Elle ne se sent pas à la hauteur de la France : toutes ses aspirations tendent à retrouver le niveau de la commune patrie. Mais, en attendant, son état d'infériorité paralyse son essor en même temps qu'il est un obstacle à l'immigration. Nous ne voulons pas déchoir.

Le moment d'une complète assimilation est donc arrivé. Elle n'est pas seulement indispensable pour nous, elle est encore nécessaire et légitime pour les indigènes en faveur desquels le droit de propriété a été récemment consacré.

Le droit de propriété est un droit considérable d'où découlent des obligations et des charges qui s'imposent à celui qui en est investi. Elles l'attachent au sol, elles l'intéressent à la vie sociale, et s'il ne se trouve pas dans la condition de l'étranger, elles le font citoyen.

La nationalité française, par le seul fait de la reconnaissance du droit de propriété des indigènes, s'est donc étendue à tous ceux qui sont appelés à la jouissance et à l'exercice de ce droit.

Ce n'est pas une nouvelle classe de propriétaires que nous avons créée en Algérie, mais de nouveaux citoyens français auxquels, par conséquent, nous sommes tenus de donner la vie politique.

L'assimilation, du reste, est déjà plus avancée qu'on ne suppose : elle est dans l'organisation départementale; elle est surtout dans le sentiment public. Or, le sentiment public, lorsqu'il est éclairé par l'expérience, est un guide à suivre. En résumé, il ne s'agit que d'une œuvre d'achèvement. Mais qui ne sait que la dernière main est la plus difficile à donner !

Cependant, il ne faut pas s'exagérer les difficultés. Les choses sont arrivées à ce point qu'il suffirait d'ajouter à nos Codes un appendice de la législation musulmane et de rattacher à chaque ministère les affaires administratives qui y ressortissent.

Ch. DESBANS.

30 mars 1868.

Le Mans. — Impr, du Commerce, A. Loger, C.-J. Boulay et Ce.

www.ingramcontent.com/pod-product-compliance
Ingram Content Group UK Ltd.
Pitfield, Milton Keynes, MK11 3LW, UK
UKHW020551230726
13925UKWH00006B/2541

9 782019 245634